LA COSTUMBRE DE SER ALGUIEN

Miguel Mas

LA COSTUMBRE
DE SER
ALGUIEN

RENACIMIENTO

© Miguel Mas
© 2026. Editorial Renacimiento

www.editorialrenacimiento.com
BUGANVILLA, I • 41907 VALENCINA DE LA CONCEPCIÓN (SEVILLA)
tel.: (+34) 955998232 • editorial@editorialrenacimiento.com

Diseño de cubierta: Marie-Christine del Castillo

DEPÓSITO LEGAL: SE 589-2026 • ISBN: 979-13-87939-64-9
Impreso en España • Printed in Spain

«... cuando la suerte nos desate
de la triste costumbre de ser alguien
y del peso del Universo».

J. L. Borges

I

EN EL CURSO DEL POEMA

COMO duda en caer una gota de agua,
al caer con temblor cada palabra
se abre a sus pies una negra hendidura
sobre la luz de la página en blanco,
una entrada pequeña como un punto,
donde amanece una espuma grisácea
de significados que nunca acaban
de cristalizar.
                    Allí se reúne,
sumergida en el barro original
de lo que no tiene forma ni aliento,
la viscosa realidad del mundo
que se resiste aún a desprenderse
de su seca envoltura de semilla.

En el curso tan incierto del poema
ningún claro en el bosque puede abrirse,

heridas de una insuficiente muerte
vuelan de un árbol a otro las palabras
sin saber cómo o dónde seguir vivas,
sin encontrar abrigo en un rincón
de la endeble arquitectura del verso.

Se observan con distancia, se aproximan
para lograr olvidarse de sí,
como sombras desnudas en las sombras
por instinto se esconden las palabras,
como animales en celo se buscan
y en el momento de unirse se alejan
pues sólo en el poema está el placer
de cuanto no ha encarnado todavía.

EL DESPERTAR

Encima de la noche cruje el tiempo:
parece que algo va a nacer. Quizá
será la luz que de un momento a otro
se vuelve más espesa.
Brilla arriba el metal de la mañana
y al separar los párpados,
algo se anticipa, pide presente.
Presentes las distancias que acomodan las cosas,
los minutos que velan
como barcas varadas en la orilla,
el mundo que son sílabas dispersas.
Se llenan los sonidos, los ángulos perfectos
dan acomodo a las primeras sombras.
Sí, ya silba sin regreso la luz
su molesto estribillo entre los pájaros.
El día se abre afuera como granada al sol

mientras todo confluye en la mirada,
restos de ayer, imágenes sin fondo,
y se queda detrás la transparencia.
¿Dónde vas tan perdido, cuerpo mío sin mí?

ANIVERSARIO FICTICIO

Hoy de nuevo me esfuerzo por nacer,
en el quicio azul de otra madrugada
hoy me desvivo decididamente
por negar lo de ayer que ya está muerto,
como si vivir sólo hubiera sido
un propósito siempre malogrado
de llegar muchas veces hasta aquí
sin poder empezar desde la nada.

Hasta ahora he nacido desde otros
que han quedado detrás como la niebla,
pero hoy pasado y presente me llevan
hacia un oscuro origen por venir.

La tierra es incierta, el cielo no existe.
Cuanto vaya a ocurrir no se precisa,
cuanto ocurre no será recordado

pues sólo se recuerda lo existido
y lo que de hoy en adelante exista
por fuerza nacerá desde la nada.

Parece que el pasado sea un esbozo
de algo que aún está por suceder,
un agraz borrador muy incompleto
de un vivir que ha de ser definitivo.

Como nace la hiedra sobre el muro,
creceré desde el hueco de mí mismo
bajo esta piel que nunca ha sido mía
y con ojos que todo lo verán
como si mirasen por vez primera
un mundo recreado a su medida.

Amanece un día apenas sujeto
por una quietud sin continuidad.
Un ardor en las sombras es el tiempo
y el poema que aún aguarda a ser escrito.

REFORMAS EN UNA
VIVIENDA DEL AÑO 31

BRECHAS en una pared, el cuerpo desnudo
de alguna viga desde hace mucho oxidada
que soporta fielmente la bóveda del techo,
residuos de pintura como un interrogante,
manchas de humedad, polvo en la mañana.

La mañana se sacude sus ramas verdes,
el viento se lleva a ratos la lluvia de marzo
y asoman sobre el muro su cabeza las palmeras
mostrando la danza eterna de las veladuras de sol.

En el jardín hay aún una expectativa
de cielos que están a punto de abrirse
y un brillo inesperado que acompaña
las hojas del ficus.
Pero en el interior
los años se han venido abajo de modo imprevisto

y donde hubo paredes y una vieja despensa,
sobreviven baldosas, incontables escombros,
y salen continuamente al encuentro
fragmentos de vida difíciles de reconocer.

Ventanas sin luz, espejos que nada reflejan,
puertas que no dan paso, desechos
de columnas en el lugar de nadie
que, sin embargo, impiden un fácil acceso.
Más allá de estos límites camino
y no camino por rincones que no conocía,
entro y no entro, aparezco en cuartos
de inconcretas medidas:
¿podré avanzar sin saber donde estoy,
si es que he creído cruzar un umbral
o de repente me doy contra un muro?

No es fácil seguir a ciegas este laberinto,
ni sortear los días que murieron
entre los años que no dejaron huella:
el río de la memoria todo lo confunde.
Me alejo, me desvivo y reconstruyo
creciendo con cada resto que reúno de mí

sin lograr una visión del conjunto,
con cada astilla rescatada de tiempo
intento ganar alguna perspectiva
para situar toda cosa en su lugar,
en cada lugar algo que hubiese ocurrido
y que pudiera darme un poco de luz,
aquí la sala de estar, allá un lecho entre sombras,
el último sol de los domingos de invierno
en los balcones de un dormitorio.
Quien aquí fue, más se multiplica,
el que ahora soy, más se divide.
Lo que evoco me convierte en extraño
y todo lo entiendo y juzgo sin nostalgia,
pero esta casa que no es mía, tampoco me es ajena
y nunca pensé que llegaría el momento
en que fuera necesario imaginarla
para tener la certeza de que un día existió.

LA COSTUMBRE DE SER ALGUIEN

Lo que hay en la mirada de volátil
y el modo en que sin ella queda el ojo
desnudo y sin historia a la intemperie,
el tacto que resbala libremente
por la cárcel sinuosa de los dedos,
el corazón y su feliz metáfora
de tan oscuras sensibilidades,
la sangre –pasión y muerte– obligada
ciegamente a deslizarse y dar vueltas
como un beodo cantando en una plaza
sin hallar en lo oscuro una salida,
la sangre iluminando el pensamiento
después de muchos cruces de caminos,
la cueva escarpada de la memoria,
el libro donde se escribe la vida
con su caligrafía de ficciones
y sus innumerables tachaduras...,

qué vigilia constante de conciencia
querer reconocerse en lo que somos,
buscar en la arena de quienes fuimos
todos los que una vez pudimos ser,
dar cohesión a todo este entramado
que garantiza la continuidad
sin permitir que nada se disperse.
Qué esfuerzo de muro de contención
tener que estar presentes sin descanso
para que no se desmorone nunca
la insistente costumbre de ser alguien.

TODO CERRADO AL PÚBLICO
(Día de Todos los Santos, 2020)

«Encara hi ha vials per passejar,
però la mort n'ocupa tots els bancs».

JOAN VINYOLI

TANTA claridad nueva parece ya una ofensa,
tanta verdad corrompe la luz de la mañana.
Alguien en el balcón de una casona,
un huerto sin cultivos, cañas, unos escombros,
un autobús parado con las puertas abiertas
a la altura de una tienda de flores.
Se diría que el tiempo se ha ausentado
o que quizá nunca hubiera existido,
pero algo en el azul limpio del cielo
enturbia cualquier fácil trascendencia.

Domingo sin memoria ni dolor,
cerrado está hoy el día, al descubierto
los jardines, el corazón cerrado.

Todo lo que libremente suceda
habrá de suceder en las afueras.
Domingo desprovisto de intenciones,
algunos que se cruzan no se miran,
se apartan, paso a paso se vigilan,
atraviesan corriendo la calzada.

Algo de otro mundo flota en el aire
y un cartel en la verja lo sugiere:
«Por higiene no se hacen velatorios.
Rogamos que disculpen las molestias».

Detrás del árbol, la sombra del árbol,
junto a las tapias, el mármol del tiempo.
El sol se interna en calles y plazuelas,
más allá de unas cruces, la autovía desierta.
No se puede salir de esta ciudad.
Sin embargo, para alcanzar la muerte
cada rincón del día es una entrada.

CIGARRA MUERTA EN UNA COLUMNA

En la piel que te cubre te has quedado,
sólo en alas y un cuerpo transparente,
escaso testimonio de quien fue
conciencia de la vida luminosa.

El árbol dio la fruta en su momento,
la fruta dio todo el dulzor posible,
pasó por ti la vida quedamente
como pasa hoy la luz sin que lo sepas.

Cuando llegó después de prolongada espera
el vasto mediodía de los cantos,
ni siquiera pudiste sospechar
lo incierto que resulta el mes de agosto,
lo enormemente breve que es el arte.

Sin canto y sin memoria aún resistes
abrazada al calor de una columna,

vacía ya de tiempo y de ti misma
y rodeada de tiempo para siempre.

Agua invisible que sigue brotando
del fondo del oscuro manantial,
es la misma su altura y su canción,
pero nunca es la misma la que brota
—vida y canto más hondos que la carne—,
aunque parezca eterno su cantar.

A UN POETA CIEGO EN SU JARDÍN

La tierra ya no es tuya
porque está dentro de ti.
De sombra macerada
son los muros de la casa,
la huella antigua de los pies
en el cruce de senderos.
Aquí la escalera, el rosal,
el bancal de las glicinias,
la taza herida de la fuente
que hace mucho que está seca.

Cuando te acercas al olivo,
a ti mismo te acercas,
percibes su profundidad,
su aliento milenario
que sube por las ramas,
en el lugar de tus ojos
está el cielo iluminado.

Van y vienen los vencejos
–los mismos vencejos
que vuelan en tu cielo–
como niños en la noria
que no se cansan nunca
de entrar al laberinto,
de burlarse del ciprés.

Buscas el capricho del viento
que mueve la palmera,
atiendes un momento por si oyes
su charla clandestina, sus rumores.
Deslizas la mano sobre el aire,
repites palabras heredadas:
tomillo, limonero, jacaranda,
aquí el pino centenario, el enebro.
Pasas lenta la mano por la salvia,
arrastras el olor de la mañana vieja,
barro que modelas con los dedos
y da forma final a la memoria.

En el rincón de ese tapial
crecerá bien la buganvilla

de eternas flores rojas.
Aquí abriremos más tarde una balsa
que dará agua a todo el campo.
Son voces que todavía escuchas
detrás del muro blanco,
detrás del tiempo blanco,
voces que dice la memoria
y te devuelve el nombre exacto
y el nombre exacto te da vida.

NOVIEMBRE, UNA VEZ MÁS

NOVIEMBRE ya se acerca sin apariencia de orden
con un aliento de cuartos cerrados
flotando en un laberinto de lechos
que aún preservan de la indefensión.
Escondido en los huecos del nuevo amanecer
todo tiene el propósito de ser inadvertido,
pues la movilidad de cuanto persevera en existir
desvelaría el curso olvidado del tiempo.
Así la hoja vencida no caerá definitivamente
porque ignora que no es viento en la rama,
quien sale de una casa, no cruzará la puerta,
permanece dudando si se arriesga a cruzarla.

La mañana atrae una claridad
de sábanas en alguna azotea
que hacen pensar en la luz de la infancia,
la ciudad es un cruce de palabras
en un idioma que nadie comprende.

La mañana trae luz de aluminio
y el mediodía cruza sin poder detenerlo
dejando atrás un agua de sol en una esquina.
Pero pronto anochece con furor repentino
sobre el azul helado de las seis de la tarde.

En el rellano de un piso primero
de repente es de noche, y alargando la mano,
quien regresa de un breve sueño, enciende
una lámpara y cree que oye una voz:
«¡Ahora no te detengas!».
Es la presunción del hondo silencio,
noviembre es el teléfono al que no se contesta
y queda resonando en un largo pasillo,
es la llamada dudosa a una puerta
y el indicio de que algo ha de ocurrir
inexorablemente.

En la planta de abajo alguien mueve una mesa
y sobre las nueve y media o las diez
un ruido familiar de cubiertos y sillas
recuerda un rumor de conversaciones
en habitaciones donde no hay nadie
de antiguos edificios que están deshabitados.

HOY ESCRIBO SOLAMENTE PORQUE SÍ

Hoy escribo solamente porque sí,
sin otra pretensión, sin emociones,
dejo que al azar goteen las palabras,
que asomen las palabras como huérfanos,
como náufragos que sacan la cabeza
y se hunden otra vez sin dejar huella.

Escribo como llueve, aleatoriamente,
merodeo en las afueras del sentido
y anoto aquí palabras contingentes,
no para darle cuerpo a alguna idea
indeterminada, abrigo a un recuerdo,
la intuición que de pronto sobreviene
en el momento más inesperado.

Escribo sin motivo, ni siquiera me extraño
si a mis espaldas crece una metáfora

o se escapa un indescifrable símbolo
que distrae del tema principal.
No, hoy sólo escribo por escribir,
por dejar descansar a la conciencia
al fondo de su oscuro laberinto
y pasearme un rato por el verso
jugando con las minúsculas sílabas
como con un elemental rompecabezas.

Dejo solas y a su aire a las palabras
para ser únicamente palabras
y que desde el inicio al fin se vean
libres de toda determinación,
aupadas a su materialidad
de objetos totalmente prescindibles.
Será otro día. Hoy no tengo fe
para escribir un verso.

CAMPANAS Y LLUVIA

Asocio el tañido de unas campanas
con la perseverancia de una lluvia ligera
a esa hora de la tarde de un domingo
en que los tristes pasean su tristeza
como quien pasea un perro por un parque.

Quizá se deba a su brillo apagado,
a la humedad de las calles vacías
o al recuerdo de esas calles vacías:
hay algo incierto en las tardes de lluvia
que desde lejos evoca la infancia.

Del interior de una iglesia de barrio,
entre el murmullo de un coro de voces
salen palabras que piden consuelo
y muestran temor y arrepentimiento.

Cuando de un momento a otro
se despierten las farolas del parque,
el mundo te parecerá tan viejo
que desearías vivirlo otra vez.
Espera.

PERRO BAJO LA LLUVIA
EN UNA CARRETERA VECINAL

¿Adónde ibas por esa carretera
de un lado a otro jugándote la vida
a la intemperie, el pelaje mojado,
lejos seguramente de quien fue
doméstico animal de compañía,
perdido hoy como viento en las afueras,
tus ojos aún más negros que la noche?

Perro con ojos de perro sin dueño,
despeinado como mata de espinos,
corriendo y repentinamente quieto,
buscando algo que te has dejado atrás
como si fuera posible un milagro,
tan dividido en dos como una duda.

Perro extraviado, perro de cuneta,
el mundo te parece un laberinto,

vagabundo en una noche de lluvia
bajo un cielo que ya no te protege:
no sabes dónde estás, ni adónde ir
y ni siquiera qué te espera a oscuras,
poco después de la siguiente curva.

LA CANCIÓN DEL MIRLO

FAMILIAR punto final de este día
en el más luminoso mes de mayo,
alma insignificante de las ramblas
que asomas la mirada escurridiza
por el aire de esquinas y jardines,
común y medroso animal de luto,
de vuelo bajo, adocenado y torpe,
solista de tan terca melodía,
para que que no se descomponga el tiempo
canta también desde el lugar dudoso,
canta desde dentro de mí otra vez,
desde tu vacío canta de nuevo
y a los dos nos redima el canto impuro
mientras llega la noche.

II

PICADURA DE AVISPA

¿DE dónde vienes tú? ¿Qué viento fugitivo
te trae hasta mi casa, ahora que ya estaba
sosegada y yo tan desprevenido
que no advertí tu vuelo impertinente,
tus falsos disimulos.

Hubiste de cruzar el mes de agosto
con sus cielos azules y sus rocas
recubiertas de sol y de ceniza,
llegaste, la indignada, contra mí,
sin mayor argumento
que el hambre que tenías.

Hubiste de cruzar el mes de agosto
y todos los agostos hasta aquí
de tan lejos que ya no lo recuerdo,
quizá cuando esta casa aún no existía

y estuviese esperando en su lugar
un huerto de naranjos, una acequia,
yo mismo que corría entre ribazos.
Tampoco lo recuerdo. Pero tú

viniste de tan lejos, tan cegada,
que no creíste preciso exhibir
ceremonia por tu parte, ni examen
del lugar, ni otro vuelo de advertencia,
señal de que el asalto era inminente:
hundiste sin dudarlo el aguijón
en lo que parecía tener vida.

Hundiste el aguijón en lo invisible
en que yo estaba apartado de mí,
como un punzante despertar noté
llegar tu inesperada picadura,
abrirse sin reservas donde duele,
y tu pinchazo me dio bruscamente
forma y carne impensadas
y me hizo volver de donde no estaba
inoculando el veneno del tiempo.

CIUDAD INVISIBLE

Detrás de las calles de una ciudad
habrá siempre otra ciudad invisible.
Bajo la altura de cada edificio
está la flor muerta de otro edificio
y jardines que no habrán de crecer
aunque cada invierno caiga la lluvia.

Allí hay tiendas abiertas, en los charcos
una luz fría de viejas farolas
que se descuelgan de un cielo nocturno,
antiguos descampados, almacenes
que guardaban vías de tren, desguaces
de máquinas de principios de siglo
convertidas en túneles del tiempo.

Allí hay acequias y huertos cercados
con tapias que están enfermas de orín

y talleres y portales sin número
y niños que se asoman a balcones
en horas de sol, en viejas esquinas.

Como a través de una imagen inversa
caminas por calles que no te recuerdan
y puertas ciegas que nunca se abren
en cuartos donde tu voz nunca se oye
aunque, a pesar de todo, aún te contengan.

Fotogramas en gran parte velados
con huecos que cuesta recomponer
por un exceso de sombra en los márgenes
y manchas ocres que son testimonio
de una persistente disolución.

LAS LUCES Y EL TIEMPO

Distingo las huellas del tiempo por sus luces.

Luz de la lluvia en el camino del colegio
cuando llegaba el mes de octubre con sus cielos
en las ventanas aún abiertas de las casas.

Luz del frío al volver la esquina de la calle
mezclada al olor de una oscura tenería
donde quizás se concibiese algo siniestro
por el color enrojecido de los charcos.

Luz vertical de las mañanas de domingo
que no pasaba nunca desapercibida,
distinta a la de cualquier día con su tráfico
y la gente en la puerta de un ultramarinos.

Tibia luz de la iglesia con la oración última,
abrigo largo hasta los pies, alas de ángel
y el viento tan fuerte que me elevó del suelo:
Dios se burlaba desde la rama de un árbol.

Cada tiempo lo veo con luz diferente,
cada luz agotó su tiempo con más luz.

El reflejo de luz en el tapete de hule
y en aquel rincón del comedor familiar
escuchando el serial de la radio algún sábado.

Luz del secreto atardecer adolescente
un largo verano de pasillos sin nadie
acompañado por un silencio amarillo.

La luz borrosa de ignorar lo que ocurría
–la mesa de noche, en la pared una sombra–
después de que alguien dejase de ver la luz
y de los cuartos salía sólo un susurro.

Una tarde a solas, aquella luz del verso
y lo extraño de no saber quién lo escribía.

Distingo las huellas del tiempo por sus luces,
cada tiempo lo recuerdo con luz distinta.
¿Qué luces no aguantaron la sombra del tiempo?
¿Qué partes ciegas de mí no han sobrevivido?

OPERACIONES CON NÚMEROS

Las mañanas de verano tenían otra dimensión.
La intemperie era un refugio, el cielo abierto
un perfecto lugar donde esconderse a solas
y allí multiplicarse en lo más claro,
sobre la tapia que limita el descampado
ser testigo no del tiempo, del paso de los hombres
al caer el mediodía, con sus bicicletas y sus coches
y los tranvías que llegaban cansados de dar vueltas
como mujeres que volvían cargadas del mercado.
Las mañanas de verano tenían otra dimensión
y los atardeceres de invierno con la lluvia
hacían que creciésemos por dentro más deprisa,
bajo la amarillenta luz del mantel de una mesa
y el cuaderno verde de la caligrafía.
Paradójicamente, crecer sería hacerse más pequeño
según el orden de las simplificaciones,
despejar cada uno de los que fuimos

para quedar a un lado de la inestable ecuación,
sería una reducción de probabilidades al absurdo
tener que dejar afuera poco a poco a los demás
a medida que el tiempo fuese cerrando las puertas.
Cuando regreso a casa veo al que regresa
con los que le han acompañado a la intemperie
—el colegial sobre una tapia, quien entra a una sala
y se esconde detrás de la puerta—,
un ser sin memoria que empezará mañana de cero
antes de que la vida alcance a ser un dividirse
dejando siempre detrás un pequeño resto.

FIEBRE

La memoria perdida, las escamas del tiempo.
El número olvidado en la puerta de un patio.
La escalera de mármol, el fugaz descansillo.
El olor amarillo de las curtidurías.
Una hoguera en el vientre de un feliz descampado.
En febrero nevó y nos dejaron salir a la calle.
¡Corred, rehuid el aliento del lobo!
¿Lámparas de color en los tiovivos?
¿Gritos de bestias en un matadero?
El borrador de un rostro detrás de una ventana.
Luz de un incendio en el piso de enfrente.
Suenan voces de alarma en aquellos balcones.
La fiebre se alimenta del pasado.
Luces que reverberan en la noche profunda.
Las escamas del tiempo, la memoria perdida.
La fiebre se alimenta del pasado
como el mar de un vaivén de peces muertos.

EL HÁMSTER

IGNORO cuánto duró exactamente.
Su merodeo tan bobo hacía gracia,
sus prisas infantiles, sus piruetas
igual que un consumado trapecista
que desafiaba el riesgo de columpios,
de ventanas y de otras contingencias
que le salían diariamente al paso.
Iba siempre corriendo por la casa.
Corriendo daba vueltas en la noria
calculando que el mundo era infinito,
que el laberinto tenía salida
porque al final del pasillo había luz.
El tiempo que vivió lo haría entre algodones
y duró como dura la inocencia:
desapareció de pronto una noche
sin que supiéramos cómo ni adónde
habría ido a perderse lejos de casa
como un sucio animal de descampado.

PELOS Y PATAS

A mi perro «Rufus»

No cuando corres, solo si estás quieto,
detrás de ti dejas pelos y patas
y al mirarme con esa persistencia
con que te quedas hecho estatua viva,
desde mis pies parece que alcanzases
a descubrir de pronto el infinito.
O fuese el infinito quien te viera
convertido en un puro ser abstracto
sin mayor realidad que esos ojos
a los que todo tú te has consagrado:
un insignificante dios eterno
por la sola razón de tu mirada
en este instante que ahora nos reúne
y solamente yo recordaré.

EL NIÑO QUE SOÑABA CON COMETAS

El niño que soñaba de noche con cometas
y apenas despertaba en un país distinto;
quien tensó una ballesta contra el azul del cielo
un domingo de abril con su padre en el monte,
el héroe campesino que disparó a un venado
para dar de comer a los hombres de Sherwood;
el mongol de la estepa, que manejó la pólvora
y el que supo juntar en un cuarto de casa
el azufre, el clorato y unas pocas cenizas
para poner en órbita un cohete de cartón
que no llegó tan alto que alcanzase la luna;
en la selva africana conduciendo elefantes
y la madre del niño escuchando sus gritos
a la vez que un lloroso programa de radio;
el llamado Ramsés con su corte de oro
y el que alzó con dos sillas una vasta pirámide
para hacerse llamar capitán del desierto

ante el susto coral de alfileres y cintas...
Todos tan verdaderos, tan seguros y ciertos,
cada uno tan real en su vivo presente
que si un día tuviesen otra vida distinta
—el mongol de la estepa, el faraón de Egipto,
los ojos de la madre cosiendo en la ventana—,
hoy son solo una parte de una misma leyenda
de la orilla del tiempo.

DÍAS QUE LA MEMORIA NO PERDONA

Navidad de 1964

De un día para otro aquellos días de leyenda
se fueron con un vaivén de tranvías amarillos
y un coro revuelto de voces al anochecer.
Hacían más frondoso el aire de las calles
canciones repetidas como peces de un acuario
que despertaban gotas de luz en las miradas
y en el atrio de alguna iglesia parroquial
reunían gestos de benevolencia.

De un día para otro aquellos días de leyenda
se fueron por el mismo sendero que los Magos,
cruzando por palacios y campos de batalla
de los viejos solares de la estación de trenes,
cabañas donde el tiempo se encerraba
con puertas de papel, y había un botín
de cuentas de vidrio como restos de luna
y espadas de héroes comidas por el óxido

que aguardaban a ser desenterradas
de lugares tan hondos como toda irrealidad.

Campana sobre campana, casi al amanecer,
sonaba en los viejos aparatos de radio
y despertaba los azulejos de las cocinas,
también silencio sobre silencio
en los platos vacíos después de comer
de las pequeñas salas de estar
donde un sol invitado se ausentaba enseguida
por el pasillo a los cuartos del fondo
y quietos ríos de plata salpicaban a oscuras
los pies de las figuritas de barro
en el comedor de las grandes ocasiones.

Sería a principios de los sesenta.
Aquel invierno en la acequia se ahogó
el hijo del portero pescando ratas de agua
con cuerda de embalaje. No recuerdo
su cara, ni siquiera recuerdo su nombre.
Pasaron sin resuello algunas ambulancias
y durante años su lamento heló
el sueño de las madres en los dormitorios

y añadió una nota de desconcierto
en las conversaciones de las tiendas del barrio.

Pero eso es algo que ocurría en otra parte,
mientras dibujábamos con tiza en las aceras
o asediábamos sombras en los muros.
Entonces la muerte era sólo un rumor
de palabras en un oscuro idioma,
un eco que nos llegaba de lejos,
de tiempos y lugares apartados
que aún no solíamos frecuentar.

Traían los días eternos la niebla gris
que empapaba la espalda de los coches
y dejaba un aliento de humedad
naufragando entre la luz amarilla
de avenidas que parecían no tener fin.

De aquellas tardes todavía perdura
un destello de plástico en los ojos,
las paradas de dulces del Mercado Central
y el polvo de una nieve que no conocíamos
y caía como hoy cae más irreal en la memoria.

MANO SOLA

A aquella hora el hombre, detrás de sí,
intentaba cada día nacer
de su incierto vivir dificultosamente,
de su continuo entrar
y salir desde algún tiempo remoto
que nunca nadie pudiera explicarse.

La claridad de un pasillo alumbraba
en el cuarto el sillón de cada noche.
Frente a la cama la puerta era estrecha,
sin carácter los azulejos blancos
sobre los que el tiempo iba resbalando
como encima de una pared de hielo.

El hombre a esa hora intentaba nacer
a la orilla del bosque, traspasando una puerta
desde otro yo que sólo él conocía,

bajo la cálida luz de una casa
cada vez más real que aquella realidad
de la última habitación del fondo.

Tan pequeñas como sorbos de un vaso
de sus labios salían las palabras
que había ido olvidando una a una,
las frases que le unían a la tierra
(«la madre», «el árbol seco», «las orillas»,
«el ruido de la acequia del molino…»),
sin hallar las que pudieran salvarlo,
porque allí nada podía empezar
que no fuera provisional y hueco,
nada que pudiera ser rescatado
o dicho con diferentes palabras.

Al dejar el silencioso edificio
anunciaban un nuevo atardecer
los gritos de una bandada de pájaros
manchando el último sol de los árboles,
al cruzar la avenida entre unos coches,
noté tu mano más fría y extraña
que el cielo aquel de final de diciembre.

LOS MIEDOS NOCTURNOS

Sobre aquellas fantasías nocturnas
de esas horas que se hacían eternas
–una presencia en el cuarto de al lado,
unos ojos que vigilan el sueño–,
queda la imagen lejana de un niño
en un pasillo llamando a la puerta
de un cuarto en una casa que no existe.
Y detrás de una pared invisible
más ávida y más cargada de noche
–la ciega caída en lo desconocido,
el espacio que señalan las sombras–,
un diario sentimiento de orfandad
en los intersticios de la memoria
que se renueva en las noches de invierno.

DIBUJO HALLADO EN UNA CARPETA

Firme el trazo que te perfila la cabeza,
derrumbada completamente sobre el pecho,
el cabello escaso, burlado ya de canas;
los ojos que esconden alguna picardía
detrás de la montura fina de unas gafas;
la barbilla amplia como curva de camino,
asaltada por una imperceptible línea;
el labio, amparado en el vuelo a baja altura
del bigote, un fino trazado de escribiente
que añade falsa convicción y autoridad.

Recuerda la figura la fiel servidumbre
de un afable rey que se humilla ante un milagro
de muy escasa proporción, aunque grandioso;
sobre el blanco de lo que simula pared,
se te ve mirada de niño en lo que haces:
vertido el gesto dulce sobre algo inconcreto

–muy ligeramente, un sombreado apenas–,
lo sujetas con suavidad entre las manos
como si pudiera escaparse en un descuido
o caer y quebrarse inesperadamente
después de haberlo conservado muchos años.

Más de ocho o nueve no tendría yo entonces,
tú, quizá menos de la edad que tengo ahora,
y algo me sugiere que el retrato que te hice
con aquel lápiz escolar de carboncillo
–firma y rúbrica de quien quiere ser eterno–,
tuvo vocación de llegar hasta este día
para que gracias a este dibujo hoy te viera
encerrado en el hueco de un minuto
como nunca te vi cuando vivías.

A UN NIDO VACÍO
ENCONTRADO EN LA CALLE

Hilado alguna vez con tierno empeño,
al lado del jarrón de flores secas
quedó como un objeto ornamental
en la campana de la chimenea.

No extraña su vacío al de la casa.
No molesta su oscuro ser sin dueño.
Y presidiendo allá el comedor,
lejana ya la luz del día, exhibe
su desazón de haberse convertido
—¿qué ramas invisibles lo sostienen?—
en un fragmento de tiempo sin vida
bajo un cielo compuesto de escayola.

EL AUTOR A UN ÁRBOL QUE PLANTÓ
EN EL HUERTO VA PARA SEIS AÑOS

Te planté una mañana de noviembre.
Te dejé en un lugar de privilegio
a salvo de los vientos y los pájaros.
Acompaño la savia por tu cuerpo
y al fondo de tus huesos retorcidos.
Te miro, te conduzco, te resumo:
te me rompes en marzo sin modestia,
como virgen en un lugar sagrado.
Los almendros te miran con envidia,
ni el cielo te conoce de tan blanco,
pero ¿a qué desplegar tanta belleza
si tus flores se caen todas a una,
para qué tanto amanecer en falso,
si nunca me has dado ningún fruto?
Me confundes, me disgustas, me aburres.
Por mucho que me esfuerzo no comprendo
qué me impide arrancarte de raíz.

III

EL LÍMITE DEL VERSO

En el exacto instante en que comienza
una conversación con uno mismo,
se crea la ilusión de estar ante un espejo,
pero en contra de la ilusión creada
—quien está en el cristal es uno sólo
y al descubrirse, se señala: yo—,
cuando se intenta hablar con uno mismo,
no es fácil saber quién habla con quién
ni a su vez quién es el que está escuchando:
¿desde qué frágil línea del pasado
o desde qué presente indefinido
se sitúan quien habla y quien escucha
si ambos suman memoria y experiencia
y son consecuencia de otros tantos?

Cuanto más crece el yo, más se divide.
¿Quién es el que habla, en qué tiempo de nadie

permanece el que escucha? ¿Quién escucha
que habla con otro? ¿Quién
forma parte de una continuidad
que traspasa los años y conciencias,
un eco familiar en cada caso,
hasta que ninguno a otro reconoce
en el exacto instante en que comienza
una conversación con uno mismo
cuando se cruza el límite del verso?

CONTRA LA MEMORIA

DEBERÍAMOS ser siempre capaces
de poder revivir esos momentos,
rescatar del agujero más hondo
cualquier velado fotograma, viejo
y accesorio como una pincelada
que en contra de sus cortas dimensiones
finalmente da luz a todo el lienzo
y añade un completo significado.

El instante anterior a un desengaño,
los motivos que fueron omitidos
al tomar una opción equivocada,
los gestos claros de la despedida,
la mano –¿de quién?– que llevaba al niño
una noche de lluvia en una calle,
sólo escuetas notas a pie de página
en el cuaderno amarillo del tiempo.

Que por mucho que el tiempo la alimente
a la vez que la humilla y la corrompe,
la memoria es una forma de ultraje
unido al curso ciego de los años,
un trueque desigual de voluntades
en auxilio de los menesterosos:
finge desinterés cuando concede,
a pesar de que es más lo que se guarda
por unas gotas de melancolía.

TIERRA EXTRAÑA

Con aquellos los que fui
he llegado finalmente
al lugar donde no estoy
en un presente huérfano de sí
porque yo sólo me veo,
descuidado del que soy,
a través de los futuros
que me ven mirar a mí.

TEORÍA DEL DAÑO

Como el vuelo sonámbulo
de una mariposa, el daño da vueltas
rodeando la luz de la razón,
buscando una pequeña
hendidura de sombra,
un lugar cobijado de los vientos
donde dejar sus huevos
que romperán mañana.

Y una vez que se infiltra y desarrolla
se adentra como larva en la madera,
en silencio dibuja laberintos
y despierta y reclama a la conciencia
como la espina saca de su sueño
al cuerpo vulnerable.

Pasado y presente se unen con el daño
y secan las raíces del olvido,

crece de esta manera en suelo fértil
el yo que nunca duerme y se hace fuerte
al salir del jardín de la inocencia,
donde le aguarda el fruto más amargo,
luz oscura del tiempo y la memoria,
como el río que pasa bajo tierra
y más tarde se ensancha mar adentro
arrastrando en su desembocadura
restos, cañas, irreales peces muertos.

CHECKPOINT

Con un enorme esfuerzo de memoria,
capturando una imagen muy lejana
o evocando una casa que no existe
en el rincón de una calle que era otra,
un comedor sin luz, casi una iglesia.

O aquel instante en que cayó el jarrón
y nos quedamos ante los fragmentos
más confundidos que decepcionados
presintiendo con total claridad
que se rompía algo muy delicado.

Es posible que recordando el modo
en que cualquier atardecer de octubre
empezase a representar el tiempo,
no una tarde más, no idéntica luz
resbalando a través de una persiana
entre los restos del acontecer.

Con un enorme esfuerzo de memoria,
¿se podría advertir mirándolo de cerca
el momento justo –qué lugar–, cuándo
supimos que sería inevitable
transponer cada día la frontera,
donde otro –y también, sin embargo, el mismo–
nos dio una vez el alto al querer ser
los que no seríamos nunca ya en adelante?

LAS GAVIOTAS

Bajo el cuidado de un cielo ya sin color
acariciaba el sol el viento dulce
que bajaba de los acantilados
sorteando un laberinto de pinos,
una frontera de adelfas y enebros,
levantando pequeñas esquirlas de luz
como brotes de flores transparentes
que asomaban de los saltos del agua.

El día se llevaba mar adentro
viejos recuerdos de días sin sol
de quienes estaban echados en la playa
sumergidos en un denso sueño dorado,
abandonaba muertos en la orilla
fragmentos de algas, pedazos de sombra, rastros
de vida que nadie quería para sí.

Octubre empezaba a buscar a tientas
oscuros rincones donde pasar la noche
dentro de los restaurantes cerrados
que velaban los cristales sucios de polvo.
Algo en el aire renunciaba a persistir
y algo que se esforzaba en no ser extinguido
sorteaba la humedad bajo los parasoles
y acariciaba el brillo mortecino
de unos retazos dispersos de nubes
en el atardecer.

Callados nos retiramos de ese lugar,
detrás quedaron los cuerpos más fríos,
esparcidos como restos de fruta.
Desde las rocas altas las gaviotas,
trazando círculos sobre nosotros,
¿qué confuso mensaje desgranaban,
qué inhumano presagio transmitían
con sus persistentes llantos de niño?

LAS MORAS

No puede esperarse
que a esta luz tan tenue
bajo la autopista
vaya a madurar
cada uno de aquellos
escondidos mundos
que han ido creciendo
a espaldas de nadie.

El sol aún no cae
pero ya se ha rendido
donde el cielo comienza
y la tierra lo espera
en la rambla más alta.

Luz oscura del barranco,
por el paso de años

plantado de adelfas,
brotando al azar
de piedras pulidas;
calor del rodeno
que nunca da agua
en días azules,
sino un laberinto
de hiedra y espinos.

Es solemne el silencio
de este áspero rincón
donde el zarzal da fruto
escondido en la sombra,
allá arriba los campos,
de tullidos olivos
con sus cuerpos y ramas
recubiertos de heridas
como viejas preguntas.

Extraña la inmisericorde
soledad que exhalan los pinos,
la profunda respiración
de los pocos charcos de lluvia.

Regresa temprano el viajero
con la cesta llena de moras
y las manos llenas de heridas;
otra cosa no puede dar
este tórrido sol de agosto.

A UN NÍSPERO ENFERMO

Desde el balcón cada fin de semana
no puedo apartar la vista de ti.
No te vi crecer pero te estoy viendo
quedarte rezagado junto a otros
que rebosan juventud, dulce cosecha.

No te vi nacer pero parece imposible
que estas ramas torcidas por los años,
como el centro del negro corazón,
fueran herederas del frágil brote
que alguien plantara aquí alguna vez.

Te veo venirte abajo rápidamente.
Hormigas y carcoma dejaron a su paso
la piel más seca, el tronco en puro hueso,
desarbolado al poco de hojas verdes
para quedar sin vuelta atrás varado
en la tierra fecunda de la muerte.

Pudieras haber sido olmo centenario,
cubierto –dice el poeta– de musgo amarillento,
y ni siquiera el verso evitaría
que finalmente a las puertas del invierno
seas sin remedio leña, astillas para el fuego.

HOMBRE ASOMADO A UNA VENTANA

Samuel van Hoogstraten

No más grietas contiene el grueso muro
que su cara sorprendida un instante
al traspasar el arriesgado límite
arrastrado por la melancolía
o el recuerdo de la concupiscencia,
pero ya nunca por curiosidad.
Apaciguados están los sentidos,
lenta corre la sangre de quien mira:
el invierno y las huellas de la edad
recomiendan llevar gorro de piel.

Olvidada a su suerte en el alféizar,
la pluma señala otra circunstancia,
tan eterna e inestable como astilla
que al caer deja un vestigio de sombra:
aunque quisiera que nunca acabasen
quedaron sin luz los años sensibles,
más que vacío el frasco de perfume.

Para quien mira, no se agotará
la suerte del lienzo en el trampantojo
que quiere confundir al que lo observa
—el anciano que nos mueve a tocarlo—
uniendo realidad y ficción.

Al resguardo de años que sean peores,
refugia el cuerpo tras de una vidriera
y asoma el rostro al mundo con la calma
del que pronto ha de ser ajusticiado,
no tanto por la mano de los hombres
como por voluntad firme del tiempo,
aún más reacia a la misericordia.

ENCUENTRO CON
LAS VIEJAS AMISTADES

De no haber asomado nunca más,
tendríais un lugar de privilegio
como calles y cielos de la infancia
las vísperas del viaje,
lo que daba un billete de tercera,
el tren que se alejaba monte arriba
con su peso de máquina perfecta
y en el aire un olor de carbonilla.

De no haber asomado, aún quedarais
todos los primeros días de agosto
para siempre dormidos al fondo de un cajón,
juntos en una charla interminable
o en un apacible limbo de imágenes
que en el curso del tiempo
serían iguales unas a otras
e igualmente inexactas.

Perdisteis la ocasión de ser eternos.

Toda vez que el presente enmienda lo pasado,
los que fuisteis memoria sois turba malograda,
hoguera luminosa que apenas da calor
en las tardes de invierno y deja al consumirse
un olor acre de leña quemada
en el vacío de las chimeneas.

Así se descomponen los recuerdos,
así gana Realidad la batalla del Tiempo,
aunque la vida no merezca tanto olvido
ni merezca el Tiempo tanta victoria.

A UN ESCARABAJO
QUE SE QUEDÓ QUIETO

Aquí viene hoy el grueso escarabajo,
llamado, asimismo, rinoceronte
por el cuerno incrustado en la cabeza
(el muy sagrado *oryctes nasicornis*),
remolcando su costra milenaria
de extraordinario macho volador
al borde de una acera iluminada.

No es cautela porque alguien descubriese
su mancha sobre el suelo de baldosas,
ni apuro por su caminar de anciano
lo que le hace aparentar ser piedra inmóvil:
es un quedarse quieto, ensimismado
(corto camino el de su edad madura)
por no saber adónde dirigirse.

A rastras con su cuerpo bondadoso,
con pobre voluntad busca horizontes

y al verlo pareciera que se ocupa,
habiendo renunciado a dar más vuelos,
sólo en hallar la senda que conduce
a un oscuro cementerio de insectos.

Pasar sin ser notado es lo que quiere,
dejar que finalmente se le ignore.

Y sobre otra desgracia él no desea
que aún vivo lo confundan con muerto
y lo lleven en negra procesión
el batallón de hormigas y parásitos
que siempre a su pesar le han perseguido
acechando su pobre claridad,
su aire de trasnochado metafísico,
cada inclemencia que le otorgó el tiempo
desde su ayer de larva blanquecina.

VIENTO DEL OESTE

Viento del oeste, que llegas tan temprano
a estos campos de abril, a estos caminos
aún cubiertos ayer de limoneros
y hoy abandonados al azar de la intemperie,
viento del oeste, austero silencio de soles,
qué nueva página escribir en este cielo blanco
si no hay sombras que puedan dar cobijo
y arde entre tanta luz el pensamiento.

LOS SILENCIOS

De pronto dejó de llover
y se oscurecieron las rocas
y se extendió un silencio verde
que los mirlos deshilvanaron
del fondo mismo de la luz.

El campo era una afirmación
de dormidas revelaciones
que enseguida alzaron el vuelo
en la orilla de los barrancos,
mezclado en la espuma del bosque
al bronce del atardecer.

Insistió terco el ruiseñor
posado en la rama invisible,
burlando el fervor de la fuente
con la dicha del canto eterno
como si no hubiera un mañana.

Se acercó la noche esperada
abriendo al fin todas las puertas
desde lo más hondo del tiempo
y entonces callaron los pájaros
como si no hubieran cantado.

THREE STUDIES FOR A SELF PORTRAIT

F. Bacon, 1980

I

De tanto mirar, la mirada lo desvive,
el desorden del rostro lo deshace
y recompone, lo convierte en más extraño
allí donde a sus anchas crece el tiempo
y lo modela como arcilla y lo reduce
a ser materia que a sí misma no se basta.

Y pues sólo el fondo atrae la forma, los ojos
se vuelven contra sí bajo los párpados
para poder sumar sombra con sombra
en la espera dilatada y sin objeto
donde el cuerpo desierto se disipa,
donde al final la herida se hace barro
en el límite oscuro
de la disolución.

II

Abrir los ojos es hallar la duda,
ignorar si ha llegado hasta el extremo,
si es sueño o realidad lo que ahora vive
tan lejos como cerca, tan presente y ausente
en el voraz desorden de sí mismo.

III

Pero después de interrogarse, en las orillas
de su cuerpo conoce un mundo antiguo,
un regreso indeseable a la intemperie,
y una luz que no es suya le reclama
y con la luz asciende otra vez a la frente
la mirada, la carne que rebrota,
el yo que creía estar ya desvanecido.

CON EL VIENTO

No proviene de un origen exacto,
asoma en las esquinas,
da forma a lo que toca,
avanza entre los árboles
rodeando su cintura,
vistiéndolos de verde,
corre como niño en el callejón,
sortea un laberinto
de balcones desiertos
a las tres de la tarde,
olvida detrás cuanto es accesorio,
se hace sombra en la sombra
y se pierde sin recuerdo de sí
en la noche más oscura y extensa
de cualquier descampado.

LA NOCHE DEL ESPEJO

Cuando entra como extraño al salón familiar
a la noche del espejo él de noche se aproxima,
en la sombra se acomoda y no se encuentra,
pues no existen cruces de caminos ni señales
que permitan la entrada o la salida
en el fondo sin fondo de la noche del espejo.

No hay medidas que guarden sus medidas,
no se ve un más allá o acá cercano,
nada que ahí trascienda o que se esconda,
secreto o evidencia que lo oriente:
no sabría decir donde se halla,
pues nada puede tomarse como centro
ni dirección que apunte a las afueras.

No hay afueras ni tampoco adentro,
no hay nada que se escuche sino el eco

de todo lo vivido y lo esperado,
de todo lo sabido y lo olvidado,
nada que se pierda o recupere
allí donde está él y nunca ha estado:
en la noche del espejo y en el verso.

AL DEJAR LA CASA VACÍA

En el aire interior de una casa vacía
hay algo que nunca puede acabar
y todo habrá de quedar suspendido.
Hay puertas de armario y habitaciones
que en el futuro no se cerrarán
y atardeceres que no llegarán a la noche.

En el ciego interior de una casa vacía
nada sucederá,
en cualquier estación la pared de la sala
se llenará de este sol de las seis de la tarde
y no cambiará la sombra del árbol,
ni dejará de oírse el canto del mirlo,
ni la paloma llegará a posarse
sobre lo alto del muro.

Se habrán detenido las madrugadas
esperando una mañana que no llegará

y habrá silencios que no serán rotos
por palabras que nunca se dirán
sobre palabras que ya fueron dichas,
pues desde hoy todo estará aplazado
al cerrarse finalmente la puerta
y el presente de la casa vacía.

NADA EN LAS AFUERAS

A pesar de que el tiempo y la memoria
se aproximen cada mañana a desmentirlo,
en las afueras del poema nunca hay vida,
como en las afueras de la vida no hay poema
que alguna vez pudiera dar razón de vida.

Cuando ya es más fría la sombra en el barranco
y entre las cañas queda algún charco de lluvia,
a principios de noviembre desea el mirlo
algo de abrigo y alimento más escaso
—restos de moras y semillas en las rocas
que todavía conserven el sol de agosto—,
pero no alcanzará su vuelo más altura
ni albergará la piedra el canto emocionado.

Como dos seres extraños que se hallan
en una imprevista confluencia de caminos,

hoy se preguntan mutuamente vida y verso:
¿Dónde lo que no llegó nunca a ser poema?
¿Dónde lo que la vida no contiene?

CONTEMPLANDO
EL INTERIOR DEL VASO

Y, sin embargo, observa el interior del vaso.
Observa con unción el interior del vaso.
Nada encierra salvo su propio estar
y le da alma el cristal que lo rodea,
vida momentánea e inestable, apenas
un reflejo, una accidental ventana
a lo exterior, el viento entre dos puertas.

Observa con unción el interior del vaso,
de parte a parte el peso del Universo entero,
la clara perfección que sobrecoge.
Nada contiene y nada representa.
Su perspectiva íntima es la del pozo
pero excluye toda caída o vértigo:
pudiera aspirar siempre a lo más alto
si en el vacío hubiera dimensiones,

un lugar inicial en que apoyarse
hasta ganar el círculo completo.

Como en el interior de una pecera
sólo la luz que atraviesa el silencio
presta forma a un volumen inseguro.
Sin embargo, no hay mayor solidez
que la de contener la transparencia,
nada más acabado que el vacío.

Observa humildemente
desde todos los ángulos posibles
su inmutabilidad, su ser constante,
como si hubiera caído en la mesa
una pulida burbuja de tiempo
muy anterior al mundo.

REALIDAD

Con las plumas mojadas,
de la página en blanco
extendida en la mesa,
aburrido de no significar,
asoma la cabeza un colibrí
desde su propio nombre
a un cielo que todavía no existe.

ÍNDICE

La costumbre de ser alguien
de Miguel Mas
salió de la imprenta el
23 de febrero de 2026